FRANCISCO UGARTE

DO RESSENTIMENTO AO PERDÃO

3ª edição

Tradução
Roberto Vidal da Silva Martins

QUADRANTE

São Paulo
2024

Título original
Del resentimiento al perdón, una puerta a la felicidad

Copyright © 2002 Francisco Ugarte Corcuera,
México, D.F.

Capa
Provazi Design

Dados Internacionais de Catalogação na Publicação (CIP)

Ugarte, Francisco
  Do ressentimento ao perdão / Francisco Ugarte – 3a ed. – São Paulo : Quadrante, 2024.

  ISBN: 978-85-7465-678-6

  1. Perdão – Aspectos religiosos – Cristianismo 2. Ressentimento – Aspectos religiosos – Cristianismo 3. Vida cristã – Escritores católicos I. Título.

CDD 248.482

Índice para catálogo sistemático:
1. Católicos : Vida cristã : Prática religiosa 248.482

Todos os direitos reservados a
QUADRANTE EDITORA
Rua Bernardo da Veiga, 47 - Tel.: 3873-2270
CEP 01252-020 - São Paulo - SP
www.quadrante.com.br / atendimento@quadrante.com.br

SUMÁRIO

INTRODUÇÃO 5

O VENENO DO RESSENTIMENTO 11

O COMBATE CONTRA O RESSENTIMENTO 31

PERDOAR... E? 51

O MISTÉRIO DO PERDÃO 71

CONCLUSÕES 89

INTRODUÇÃO

Todos experimentamos uma inclinação natural para a felicidade. Dentre os obstáculos que dificultam a realização desse desejo, para a maioria das pessoas o ressentimento costuma ser o principal. Mesmo quem aparentemente ter muitas condições para ser feliz pode não o ser por estar cheio de ressentimentos que lhe amarguram a vida. Infelizmente, não é difícil observar todos os dias como este sofrimento está estendido — no tom crítico das conversas, nas irritações, nas queixas e lamentações, nas justificativas, nos pensamentos negativos, nas frustrações, no distanciamento em relação a certas pessoas, nas divisões familiares, nos fracassos matrimoniais, nas ânsias de reivindicação ou de vingança, nos conflitos trabalhistas, nos problemas sociais e até nos conflitos entre as nações. Vale a pena enfrentar este problema, aprofundá-lo e tratar de descobrir as possíveis soluções.

Chama a atenção que, tratando-se de algo tão disseminado e de importância tão vital, exista pouca literatura sobre o ressentimento. Também não se ouve falar do tema com profundidade, nem se oferecem, por meio da palavra, luzes que iluminem os motivos de tantos conflitos pessoais e coletivos que derivam deste mal. Talvez se deva a uma resistência inconsciente a enfrentar um problema doloroso no qual todos estamos implicados de uma forma ou outra e que, não tendo uma resposta à mão, preferimos silenciar.

Romper semelhante resistência e lançar-se a escrever sobre o assunto representa um atrevimento. No entanto, devo ser honesto e reconhecer que intervieram nesta tarefa outras pessoas, sem as quais não teria podido levá-la a cabo. Refiro-me especialmente aos diversos grupos que participaram das aulas, conferências e seminários que dei sobre o tema e cujas intervenções foram decisivas para retificar alguns equacionamentos, enriquecer outros e acrescentar novas ideias.

Estudar o ressentimento exigirá esclarecer a sua natureza, já que o primeiro passo para resolver qualquer problema consiste em compreendê-lo. Também será preciso analisar as suas manifestações e efeitos negativos. Mas, sobretudo, será necessário oferecer soluções concretas, sob um ângulo eminentemente positivo, que ajudem a evitar futuras mágoas e a superar as que já se sofram. Tais soluções, como se verá, são muito variadas e apoiam-se nos recursos humanos e sobrenaturais com que qualquer pessoa pode contar: a orientação da própria inteligência, a força da vontade e do caráter, o rumo adequado a dar aos sentimentos, as disposições interiores, os valores e as virtudes e, finalmente, a ajuda de Deus.

Mas é preciso destacar que o meio mais importante para resolver o problema do ressentimento é o perdão, que se reveste também de muitas complexidades. Para algumas pessoas, perdoar é sinal de fraqueza; para outras, é um contrassenso, porque o consideram um atentado contra a justiça; para outras ainda, é uma atitude que deve ser condicionada ao acerto de contas ou, no melhor dos casos, à retificação do agressor. Também é frequente que alguém assegure que perdoa quando no fundo não está disposto a esquecer, ou que lhe pareça razoável perdoar até um certo limite, porque o contrário seria intolerável; ou até que se considere incapaz de perdoar determinada ofensa, embora gostasse de fazê-lo. Nas próximas páginas, tentaremos oferecer respostas a toda esta problemática.

Não se pode ocultar que o perdão é um assunto difícil de ser estudado, mas mais difícil ainda é vivê-lo na prática. Simultaneamente, deve-se reconhecer que é um dos recursos mais importantes para se alcançar a felicidade, porque pode resolver pela raiz o principal obstáculo que — como acabamos de dizer e se verá com maior clareza nos dois primeiros capítulos — é o ressentimento.

O estudo do perdão ultrapassa, em meu entender, as possibilidades da razão humana, se se quer explicá-lo sob uma perspectiva exclusivamente antropológica. Só recorrendo ao âmbito sobrenatural, com a ajuda da teologia, é que se podem resolver certos enigmas de um tema que tem parte de mistério. Do mesmo modo, na ordem prática da vida, existem situações em que a disposição de perdoar só pode nascer com a ajuda divina, pois as forças humanas são insuficientes.

A intenção dos capítulos que vamos dedicar ao perdão consiste em oferecer argumentos que tornem mais fácil levá-lo à prática, por ajudarem a compreender os grandes benefícios que derivam desse ato e por mostrarem a perspectiva de felicidade que se abre quando se está verdadeiramente disposto a perdoar. Só gostaria de fazer uma sugestão ao leitor, para que aproveite melhor a leitura destas considerações: que procure ser sincero consigo mesmo, especialmente nos pontos em que, de algum modo, possa ver refletida a sua situação pessoal.

O VENENO
DO RESSENTIMENTO

Para Max Scheler, "o ressentimento é uma *autointoxicação psíquica*",[1] isto é, um envenenamento do nosso interior realizado por nós mesmos. Que fazer para evitar esse veneno ou eliminar o que já se absorveu? A primeira coisa a fazer é entender a sua natureza, o que é, de onde procede e como atua no nosso interior.

O ressentimento costuma aparecer como reação a um estímulo negativo que fere o próprio eu e que ordinariamente se apresenta

---

(1) Max Scheler, *El resentimiento en la moral*, Caparrós Editores, Madri, 1993, p. 23.

sob a forma de ofensa ou agressão. Evidentemente, nem toda ofensa produz um ressentimento, mas todo ressentimento é sempre precedido de uma ofensa. Comecemos por analisar os tipos de agravos que podemos receber e as suas características.

Fontes de ressentimento

A ofensa que causa ressentimentos pode apresentar-se, em primeiro lugar, como *ação* de uma pessoa contra nós, quando nos agride fisicamente, nos insulta ou calunia. Em segundo lugar, sob a forma de *omissão*: quando não recebemos o que esperávamos, por exemplo um convite, um agradecimento por um serviço prestado ou o reconhecimento pelo esforço realizado. Em terceiro lugar, como algo que não pode ser atribuído a uma pessoa determinada, como nos casos de ação ou de omissão, mas às *circunstâncias*: podemos ficar ressentidos pela nossa situação socioeconômica pessoal, por algum defeito físico ou pelas doenças que nos acometem e que não aceitamos.

Em qualquer dos casos anteriores, o estímulo que provoca a reação do ressentimento pode ser real e ser julgado pela pessoa com *objetividade*; pode ter fundamento. Mas foi *exagerado* pelo indivíduo, como no caso daquele que julgasse ter recebido uma pancada de graves consequências quando mal foi tocado, ou daquele que pensasse que nunca lhe agradecem os seus serviços porque numa ocasião concreta não lhos agradeceram.

Finalmente, a reação pode corresponder a um estímulo *imaginário,* como o daquele que interpretasse uma frase desagradável como uma tentativa de difamação, ou daquele que se irritasse por não ter sido cumprimentado por alguém que talvez nem sequer o tenha visto, ou daquele que se considerasse socialmente marginalizado por culpa dos outros.

Todas estas variantes mostram, para começar, em que medida o ressentimento depende do modo como se olha uma mesma realidade ou, mais concretamente, de como se julgam as ofensas recebidas — com objetividade, exageradamente ou de forma imaginária —, e explicam que muitos ressentimentos sejam completamente gratuitos, porque dependem de um subjetivismo que afasta da realidade, levando a exagerar ou imaginar situações ou fatos que não se produziram ou não estavam na intenção de ninguém.

A resposta pessoal

O ressentimento é um efeito reativo ante a agressão que, enquanto tal — isto é, se a razão humana não intervém e dirige ou retifica a reação —, tem caráter negativo. Consiste na resposta que se experimenta intimamente diante da ofensa. Por isso, o fator determinante do ressentimento não reside na ofensa em si, mas na resposta pessoal.

E essa resposta depende de cada um, porque a nossa liberdade nos confere o poder de orientar de algum modo as nossas reações. Covey observa que "não é o que os outros fazem nem os nossos próprios erros o que mais nos prejudica, mas sim a nossa resposta a eles. Se perseguirmos a cobra venenosa que nos mordeu, a única coisa que conseguiremos será fazer com que o veneno se estenda por todo o nosso corpo. É muito melhor tomar medidas imediatas para extrair o veneno".[2]

Esta alternativa apresenta-se diante de toda agressão: ou nos concentramos em quem nos ofendeu, e então surgirá o veneno do ressentimento, ou eliminamos essa reação

---

(2) S. Covey, *Os sete hábitos das pessoas muito eficazes*, Best Seller, São Paulo, 1989, p. 105.

mediante uma resposta adequada, não permitindo que permaneça dentro de nós. Mas... será realmente possível orientar as nossas reações diante das ofensas, para que não se convertam em ressentimentos?

A dificuldade em configurar a resposta conveniente reside em que o ressentimento se situa no nível emocional da personalidade, porque é essencialmente um sentimento, uma paixão, um movimento que se experimenta de modo sensível. Quem está ressentido *sente-se* ferido ou ofendido por alguém ou por alguma coisa que fere a sua pessoa. E é bem sabido que não é fácil lidar com os sentimentos. Algumas vezes, não somos conscientes deles, e portanto podem atuar dentro de nós sem que o percebamos. Há quem experimente especial dificuldade em amar os outros porque não recebeu afeto dos seus pais na infância, mas não é capaz de resolver o problema por desconhecer a causa. Outras vezes acontece que o ressentimento é reforçado por razões que o justificam, quando a pessoa não só se *sente* ferida, mas se *considera* ofendida; este processo intelectual agrava o ressentimento, mas nem por isso deixa de ser um movimento emocional, uma vivência sensível: se um homem é insultado pela esposa, *sente* o agravo e nasce nele o ressentimento; mas se, além de senti-lo, *pensa* que ela o odeia, esta consideração reforçará o sentimento que experimenta.

O auxílio da inteligência

No entanto, nenhuma dessas dificuldades é insuperável quando a pessoa procura fazer bom uso da sua capacidade de pensar.[3] O conhecimento próprio, mediante a reflexão periódica sobre nós mesmos, por exemplo, permite-nos ir ligando as manifestações dos nossos ressentimentos às causas que lhes deram origem e, nesta medida, põe-nos em condições de entender o que se

---

(3) "A inteligência forma-se quando *aprende a pensar*, quando descobre por si mesma e lê o interior das realidades, não só quando escuta e acolhe o que foi lido por outros. Aprender a pensar é o exercício próprio da inteligência" (Cf. Carlos Llano, *Formación de la inteligencia, la voluntad y el carácter*, Trillas, México, 1999, p. 12).

passa conosco, e isto favorecerá uma solução posterior.

Se, ao analisarmos os agravos recebidos, fazemos um esforço por compreender a forma de agir do ofensor e por descobrir as atenuantes do seu modo de proceder, a nossa reação negativa não só não será reforçada por essa reflexão como desaparecerá, em muitos casos, por enfraquecimento do estímulo: quando um filho é repreendido pelo seu pai por ter agido mal, se for capaz de entender que o pai só fez isso com a intenção de ajudá-lo, poderá facilmente ficar agradecido. Isto reflete em que medida a nossa inteligência — descobrindo os motivos da atitude que nos desagradou ou proporcionando-nos as razões — pode influir para evitar ou eliminar os ressentimentos.

Trata-se de uma influência indireta — Aristóteles falava de um domínio "político" e não "despótico" do racional sobre o sensível —, que modifica as disposições afetivas e favorece o desaparecimento do veneno. É o que se percebe sobretudo nos casos em que a presumível ofensa foi interpretada inicialmente de maneira exagerada ou imaginária.

A intervenção da vontade

Outro recurso com que contamos para expulsar do nosso interior um agravo, sem retê-lo mesmo que se trate de uma ofensa real, é a nossa vontade, pela sua capacidade de autodeterminar-se, já que "a causa eficiente — efetiva, física, psíquica, real — da vontade é a própria vontade".[4] Com efeito, quando recebemos uma ofensa que nos dói, podemos *decidir não* a reter para que não se converta em ressentimento. Eleanor Roosevelt costumava dizer: "Ninguém pode ferir-te sem o teu consentimento", o que significa que depende de nós que a ofensa produza ou não a ferida. Gandhi afirmava diante das agressões e dos maus-tratos dos inimigos: "Eles não podem tirar-nos o nosso autorrespeito se nós não lhes damos essa capacidade".

---

(4) op. cit., p. 76. Na p. 108 desta obra, o autor expressa a mesma ideia com as seguintes palavras: "*A vontade move-se a si mesma* à luz das opções que o entendimento lhe oferece ou aconselha".

Não é coisa fácil, sem dúvida, uma vez que orientar as reações interiores nessa direção dependerá da fortaleza de caráter de cada pessoa. Marañón sublinhava que "o homem forte reage com uma energia direta à agressão e expulsa automaticamente da sua consciência — como um corpo estranho — o agravo que recebeu. Esta elasticidade salvadora não existe no ressentido".[5] É interessante observar que, neste terreno, a vontade forte — o caráter — se distingue por ser elástica, mais do que dura ou incomovível, na medida em que a sua função consiste em expulsar o agravo que realmente se sofreu, em não permitir que se converta numa ferida que contamine todo o organismo interior.

Na pessoa que, por falta de caráter, por não ter sabido fortalecer a vontade, não possui essa capacidade de direcionar a sua resposta, a ofensa — além de provocar uma emoção negativa — é retida e o sentimento *permanece,* fazendo com que essa pessoa volte a experimentá-lo uma e outra vez, apesar do transcurso do tempo. E nisto

---

(5) Gregorio Marañón, *Tiberio. Historia de un resentimiento,* Espasa-Calpe, Madri, 1981, p. 29.

precisamente consiste o ressentimento: "É um voltar a viver a própria emoção: um voltar a sentir, um ressentir".[6] Trata-se de coisa muito diferente da lembrança ou da consideração intelectual da ofensa ou das causas que a produziram.

Mais ainda, uma ofensa pode ser recordada à margem do ressentimento, pela simples razão de que não se traduziu numa reação sentimental negativa e, em consequência, não foi retida emocionalmente. Já o ressentimento é um *re-sentir*, um voltar a sentir a ferida que permanece no íntimo, como um veneno que altera a saúde interior: "A agressão fica presa no fundo da consciência, talvez despercebida; ali dentro, incuba e fermenta a sua acritude; infiltra-se em todo o nosso ser e acaba por ser a reitora da nossa conduta e das nossas menores reações. Este sentimento, que não se eliminou, mas se reteve e se incorporou à alma, é o *ressentimento*".[7]

É significativo que algumas pessoas ressentidas se refiram às ofensas de que foram

---

(6) Max Scheler, op. cit., p. 19.

(7) Gregorio Marañón, op. cit., p. 26.

vítimas com tal quantidade de pormenores que qualquer um pensaria que acabam de acontecer; quando se lhes pergunta quando é que esses terríveis incidentes ocorreram, a sua resposta pode remontar a dezenas de anos. A razão pela qual são capazes de descrever o que aconteceu com tal riqueza de pormenores é que passaram a vida concentradas em tais agravos, dando-lhes voltas e mais voltas, fazendo com que a ferida permanecesse aberta. "Portanto, podemos concluir que: *ressentimento = sentir-se ofendido e não esquecer*".[8]

A vontade fraca é também origem de ressentimentos por outra razão mais sutil, mas nem por isso menos real. Como não alcança o que desejaria ou não consegue o que se propõe, a vontade influi sobre o entendimento para que este deforme a realidade e tire valor àquilo que não pôde conseguir. Em outras palavras, o ressentimento consiste numa falsa atitude a respeito dos valores. É uma falta de objetividade de juízo e de apreciação, que tem a sua raiz na fraqueza da vontade.

---

(8) Enrique Rojas, *La ilusión de vivir,* Temas de Hoy, México, 1999, p. 140.

"Com efeito, para alcançarmos ou realizarmos um valor mais alto, temos de empenhar mais a vontade. Ora, para nos libertarmos subjetivamente desse esforço, o que fazemos é convencer-nos de que tal valor não existe, e para isso diminuímos a sua importância, negamos-lhe o respeito a que a virtude tem direito, chegamos a ver nela um mal, apesar de a objetividade nos obrigar a ver nela um bem. Parece, pois, que o ressentimento possui os mesmos traços característicos do pecado capital da preguiça. Segundo São Tomás, a preguiça (*acidia*) é essa 'tristeza que procede da dificuldade do bem'".[9]

Sentir-se, lamentar-se ou ressentir-se

A forma de reagir perante os estímulos costuma estar muito relacionada com os traços temperamentais. Por exemplo, o emotivo *sente* mais uma agressão que o não emotivo; o secundário costuma *reter* mais a reação

---

(9) Karol Wojtyla, *Amor y responsabilidad*, Razón y Fe, Madri, 1969, pp. 157-8.

ante o estímulo ofensivo que o primário;[10] e quem é ativo conta com mais recursos para dar saída ao impacto recebido pela ofensa que o não ativo. Também a cultura e a educação, junto com o fator genético, influem na maneira de reagir e, portanto, no modo como o ressentimento se origina e se manifesta.

Existe um modo de reagir perante as ofensas que se caracteriza sobretudo pela sua passividade; consiste simplesmente em retrair-se ou distanciar-se de quem cometeu a agressão, por vezes até deixando de conversar com ela. Os mexicanos costumam qualificá-lo com o verbo *sentir-se* [com o significado de "melindrar-se", "ficar sentido"]. Peñalosa descreve essa atitude com precisão e bom humor:

---

(10) Os termos "primário" e "secundário" são utilizados na caracterologia, o ramo da psicologia que estuda os diversos temperamentos, para indicar a diferente "ressonância" que têm as impressões no íntimo da pessoa; o primário reage a elas de forma imediata e breve, e a seguir as esquece ou deixa de interessar-se por elas; o secundário guarda-as na memória por longo tempo, revive-as com frequência e às vezes só reage muito tempo depois. [N.T.]

A suscetibilidade está à flor da pele. É tão fácil ofender um mexicano! Basta tocar-lhe a roupa; dar-lhe um pequeno empurrão, evidentemente involuntário, no tumulto do ônibus; olhar por um segundo a sua esposa, nem que seja para observar que é feia; cumprimentá-lo com a cara séria, simplesmente porque se tem dor de dentes. Não se deve magoar um mexicano nem com a pétala de uma rosa. Porque *se sente.* 'Sentir-se' é um verbo reflexivo que conjugamos todos os dias, e para o qual não é fácil achar uma digna explicação filológica, pela simples razão de que 'sentir-se' é um verbo que retrata a alma mexicana mais do que a gramática espanhola. Estar sentido com alguém é a mesma coisa que estar magoado, triste, aborrecido por algum desaire que nos fizeram. Muitas vezes real e, muitas mais, aparente.

A imaginação do mexicano trabalha horas extras vendo mouros com cimitarras onde não há mouros nem cimitarras. Por força do seu natural suscetível, julga perceber aqui uma má cara, acolá uma má vontade, sempre à espera do pior, receoso a cada passo de uma emboscada, com o que abre para si próprio uma fonte de sofrimentos e pequenos ódios mais ou menos gratuitos.[11]

Outras vezes, a reação manifesta-se por meio de simples lamentações e protestos verbais, que são como que um desafogo de quem está *sentido*, sem que se traduzam em ações ulteriores. É o caso, por exemplo, do irmão mais velho na parábola do *filho pródigo* que Nouwen glosa da seguinte maneira:

> Não é de estranhar que, na sua ira, o filho mais velho se queixe ao pai: 'Nunca me deste nem um cabrito para celebrar uma festa com os meus amigos. Mas chega esse teu filho, que gastou o teu patrimônio com prostitutas e lhe matas o terneiro cevado!' Estas palavras demonstram até que ponto esse homem está magoado. A sua autoestima sente-se

---

(11) J.A. Peñalosa, *El mexicano y los siete pecados capitales*, Paulinas, México, 1985, pp. 69-70.

ferida pela alegria do pai, e a sua própria ira o impede de reconhecer esse sem--vergonha como seu irmão. Com as palavras 'esse teu filho', distancia-se do seu irmão e também do seu pai.

Olha-os como estranhos que perderam todo o sentido da realidade e, considerando a vida levada pelo pródigo, embarcaram numa relação inapropriada. O filho mais velho já não tem um irmão. Também já não tem um pai. Converteram-se em dois estranhos para ele. Olha para o irmão, um pecador, com desdém; e para o pai, dono de um escravo, com medo.[12]

Quando o sentimento de ter sido ofendido inclui o propósito de vingança, de desforra, então trata-se propriamente de um *ressentimento*, no sentido clássico do termo. O ressentido não só sente a ofensa que lhe infligiram, como a conserva unida a um sentimento de rancor, de hostilidade para com as pessoas que causaram o dano, e

---

(12) Henri Nouwen, *O regresso do filho pródigo*, Editorial A.O., Braga, 1992, pp. 88-9.

que o impele à revanche: "Nestes casos [...], associar-se-á pouco a pouco a sentimentos de vingança, de um ajuste de contas, de não deixar as coisas no pé em que ficaram. O raciocínio formula-se assim: 'Você fez-me muito mal com a sua maneira de agir e há de pagar-me mais cedo ou mais tarde, de uma maneira ou de outra'".[13]

Ou com palavras de Lersch: "Na vingança, existe sempre um ajuste de contas. A sua motivação diz assim: 'Você causou-me este mal e deve pagar por ele'. A consciência do mal sofrido só se alivia sabendo que o outro sofre igual desgraça".[14] Nestes casos, portanto, a reação inclui a intenção de realizar uma ação semelhante à recebida.

Por vezes, acontece que o ressentido não pode agir contra aquele que considera que o prejudicou, e então a sua ação recai sobre pessoas que nada têm a ver com o assunto. O pai de família que é agressivo em casa frequentemente está dando vazão

---

(13) Enrique Rojas, *Una teoria de la felicidad*, Dossat, Madri, 1996, p. 328.

(14) Ph. Lersch, *La estructura de la personalidad*, Scientia, Barcelona, 1974, p. 141.

aos ressentimentos acumulados na sua vida profissional, convertendo a mulher e os filhos em vítimas das suas frustrações. Paralelamente, a mulher interiormente ferida pode extravasar o seu estado de ânimo, talvez não por meio de atitudes agressivas, mas pela irritação, mau-humor e indiretas que expressam mágoa, o que repercute profundamente no ambiente familiar, onde o marido e os filhos esperam dela uma conduta conciliadora, serena e alegre.

O ressentido retém interiormente a ofensa porque não quer esquecer. Sente-se ferido ou magoado pelo trato recebido em determinado momento e perante umas circunstâncias concretas, as quais, como dizíamos, pode recordar e descrever com todos os detalhes, porque viveu concentrado no episódio. Também costuma acontecer que reviva o incidente uma vez ou outra, diante de certos estímulos da memória. Esse detonar do ressentimento pode sobrevir anos depois dos episódios que o fizeram germinar; num momento determinado, renascem os sentimentos de vingança que se guardaram. Os anos de espera e a minuciosa análise da humilhação sofrida foram aumentando a paixão, que pode levar a ações inimagináveis.

Um veneno a evitar

No entanto, quem padece o verdadeiro mal é o ressentido, embora os seus pensamentos se dirijam contra um terceiro. Alguém dizia acertadamente que "o ressentimento é um veneno que eu tomo esperando que faça mal ao outro".

Com efeito, pode acontecer que a pessoa contra quem se dirige o rancor nem sequer o perceba, ao passo que a pessoa que o vivencia se vai carcomendo por dentro. Assim como um veneno tem efeitos destrutivos para o organismo, assim o ressentimento produz frustração, tristeza e amargura na alma. Como dizíamos no princípio, trata-se provavelmente do pior inimigo da felicidade, porque impede que se encare a vida positivamente e afasta a pessoa do bem que lhe cabe como ser humano.

O COMBATE CONTRA O RESSENTIMENTO

Estar ou ser ressentido

Costumamos dizer que uma pessoa está sentida ou ressentida quando, por algum episódio concreto, se sente interiormente magoada e retém o agravo. Contudo, se o ressentimento se converte num estado permanente da pessoa, será preciso utilizar, não propriamente a expressão *estar* ressentido, mas *ser* ressentido. Quando alguém já não só *está,* mas *é* ressentido, as suas reações costumam aflorar continuamente, e às vezes de forma agressiva, mesmo perante estímulos que não têm conteúdo ofensivo.

Isto costuma derivar de alguma situação pessoal de carência que não se soube aceitar e que pesa de forma habitual, consciente ou inconscientemente. Pode tratar-se de fracassos pessoais ou de algum defeito físico notório. Max Scheler dizia: "Os anões e os corcundas, por exemplo, que se sentem humilhados pela mera presença dos outros homens, revelam facilmente um ódio peculiar, uma ferocidade de hiena pronta para o assalto. O ódio e a inimizade desta espécie, precisamente por carecerem de fundamento na obra ou na conduta do inimigo, são o que há de mais profundo e irreconciliável. Dirigem-se contra a existência e o próprio ser do próximo, não contra qualidades e ações transitórias. Goethe tem presente esta espécie de 'inimigos' quando diz: 'Queixas-te dos inimigos? Como poderiam ser amigos aqueles para quem o ser que és constitui secretamente uma eterna censura?'".[1]

Entre *estar* e *ser* ressentido pode haver diversos graus, mas em todos eles existem fatores comuns que favorecem a inclinação para a suscetibilidade e o ressentimento. A que se deve esta inclinação? Quais são as

---

(1) Goethe, *Westöstlicher Diwan, apud* Max Scheler, op. cit., pp. 61-2.

disposições interiores que potencializam esta tendência? É possível combatê-la? E com que meios? Vale a pena enfrentar estas questões que, se bem resolvidas, podem poupar-nos muitos problemas subjetivos e, consequentemente, indicar-nos um caminho que em última instância aponta para a verdadeira felicidade.

O egocentrismo e o esquecimento próprio

A tendência a girar em torno do próprio eu e a convertê-lo no centro dos pensamentos e no ponto de referência de todas as ações chama-se *egocentrismo*, e é o principal aliado do ressentimento.

A pessoa egocêntrica torna-se muito vulnerável porque dá excessiva importância a tudo o que se refere a ela. Especialmente quando se trata de coisas negativas da parte dos outros, costuma reagir de maneira desproporcionada, porque a sua subjetividade, dobrada sobre si mesma, é como uma caixa de ressonância que multiplica notavelmente o efeito auditivo. Trata-se de uma reação emocional que, pela concentração da pessoa no próprio eu, é retida por ela e se converte em ressentimento e, portanto, em infelicidade. O psiquiatra Rojas adverte que "uma das coisas que mais entristecem o homem é a egolatria, origem muitas vezes de sofrimentos inúteis, produzidos por uma excessiva preocupação pelas coisas pessoais e que leva a exagerar em demasia a sua importância".[2]

Mons. Josemaria Escrivá afirmava que "as pessoas em cuidados consigo mesmas, que agem buscando acima de tudo a sua própria satisfação, [...] são inevitavelmente infelizes e desgraçadas. Só quem se esquece de si e se entrega a Deus e aos outros [...] pode ser feliz na terra, com uma felicidade que é preparação e antecipação do céu."[3] Se o esquecimento próprio é o caminho que conduz à felicidade, podemos afirmar que é também o melhor antídoto contra o ressentimento, porque reduz consideravelmente a ressonância subjetiva dos agravos e evita retê-los.

---

(2) Enrique Rojas, op. cit., p. 235.

(3) São Josemaria Escrivá, *É Cristo que passa*, Quadrante, São Paulo, 2018, n. 24.

Como esquecer-nos de nós mesmos? Acabamos de ler a resposta: mediante a entrega a Deus e aos outros, isto é, vivendo voltados de forma positiva para fora de nós mesmos, com metas que representem um serviço aos outros e a Deus. Aos outros, para que os nossos atos os melhorem e os ajudem a progredir em todos os sentidos; a Deus, para que nos proponhamos cumprir a sua vontade.

O sentimentalismo

Os sentimentos desempenham um papel muito importante na conduta, entre outras coisas porque são uma fonte de energia que intensifica a ação humana e confere força às decisões da pessoa para que alcance o seu fim.

Mais ainda, o *Catecismo da Igreja Católica* chama a atenção para a insuficiência da vontade quando não é secundada pelos sentimentos (cuja fonte reside no *coração*, metaforicamente falando): "A perfeição moral consiste em que o homem não seja movido a praticar o bem só pela sua vontade, mas também pelo seu apetite sensível [...], pelo seu *coração*".[4] Isto quer dizer que os sentimentos constituem uma força que pode levar à prática do bem, quando somada à força da vontade.

Além disso, quando, como se costuma dizer, pomos o coração nas coisas que devemos fazer — especialmente se se relacionam com pessoas —, a qualidade das nossas ações aumenta consideravelmente, porque se humanizam. O contrário, a ausência de sentimentos, produz frieza ou indiferença, e isso não é agradável a Deus, a julgar pela reprovação que dirige aos insensíveis: *Eu vos darei um coração novo e vos revestirei de um espírito novo; tirarei do vosso peito o coração de pedra e dar-vos-ei um coração de carne* (Ez 36, 26).

No entanto, para que os sentimentos desempenhem um papel positivo na conduta, têm de ser governados pela inteligência e pela vontade. Quando não é isso o que acontece, porque a pessoa não controla as suas emoções, mas é dominada por elas, incorre-se no *sentimentalismo*. Neste caso, a vulnerabilidade aumenta, porque os

---

(4) *Catecismo da Igreja Católica*, nn. 1770 e 1775.

estímulos sensíveis encontram um eco exagerado graças à ausência de controle racional sobre as reações emocionais. Qualquer ofensa ou agressão gera uma reação desproporcionada que facilmente se converte em ressentimento, já que a intensidade da emoção — sobretudo se não se exterioriza essa emotividade lesada — costuma estreitar o campo da consciência e diminuir a capacidade de modificar voluntariamente a reação.

É preciso ter em conta, além disso, que, se não estão submetidos às potências superiores, os sentimentos costumam ser egocêntricos: terminam na própria pessoa de que procedem, com um equacionamento interessado e egoísta. Por exemplo, o afeto converte-se numa busca de si mesmo; ama-se alguém *para* receber afeto, compaixão ou qualquer outro tipo de complacência. E já vimos que o egocentrismo favorece notavelmente o ressentimento.

A solução consistirá então em fortalecer a vontade para que tenha a capacidade de não se deixar dominar pelas paixões e sentimentos e para que possa orientá-los adequadamente na direção apontada pela reta razão. Ora, a vontade só se fortalece mediante o seu exercício, como sucede com os músculos do organismo, que requerem um treinamento contínuo para adquirirem e manterem uma força que não tinham originalmente. A vontade torna-se forte, por exemplo, mediante o esforço diário por viver a ordem no trabalho, começando-o e terminando-o a tempo, pondo intensidade ao realizá-lo, concluindo os assuntos que se empreenderam etc.

A imaginação

A *imaginação* costuma influir também de maneira determinante no ressentimento.

Apesar de ser uma faculdade que pode enriquecer as nossas percepções, favorecer a nossa criatividade ou ajudar-nos a descobrir soluções para os problemas, quando escapa ao nosso controle e trabalha indiscriminadamente por conta própria, afasta-nos da realidade, deforma o conhecimento e pode ser uma fonte de complicações interiores.

Ordinariamente, a imaginação descontrolada acaba por exagerar as coisas, de maneira que, por exemplo, uma pequena ofensa é interpretada como uma grande agressão, ou uma aparente omissão é tida como coisa ocasionada com a intenção de desprezar, humilhar ou mostrar desafeto. Por isso, a imaginação não controlada costuma originar ressentimentos muitas vezes gratuitos, porque não procedem de ofensas reais, mas imaginárias. Escreve Mons. Escrivá: "A maioria dos conflitos em que se debate a vida interior de muita gente é fabricada pela imaginação: É que disseram..., é que podem pensar..., é que não me consideram... E essa pobre alma sofre, pela sua triste fatuidade, com suspeitas que não são reais".[5]

Nestes casos, é preciso ter a autocrítica necessária para cortar com determinação esses processos imaginativos antes de que ganhem corpo, e isso exige também luta pessoal, um esforço que, com a ajuda de Deus, nos vai tornando capazes de encaminhar a nossa imaginação na direção conveniente, de maneira a não se converter num inimigo

---

(5) *Amigos de Deus*, Quadrante, São Paulo, 2000, n. 101.

íntimo que seja fonte de suscetibilidades e ressentimentos. O esforço perseverante em não permitir que a nossa imaginação atue por conta própria acaba por conferir-nos a capacidade de controlá-la.

Um círculo vicioso

Quando à falta de domínio sobre a imaginação se soma a ausência de controle dos sentimentos, produz-se um círculo vicioso muito complexo.

O sentimento ou paixão age sobre a imaginação, excitando-a e levando-a a deformar a realidade, como alguém que briga com outro e imagina que o adversário pretende acabar com ele, quando não tem essa intenção. Por sua vez, a imaginação influi sobre o sentimento, provocando uma reação emocional mais intensa: a pessoa imagina malícia ou desafeto no presumível agressor, e a sua ira aumenta nessa mesma proporção.

O processo pode continuar sucessivamente, pelo estímulo da emoção sobre a imaginação e, alternadamente, desta sobre o sentimento, de modo a estabelecer-se um círculo vicioso. Em poucas palavras, a imaginação exaltada pela paixão aumenta as coisas, por pequenas que sejam — é como ver através de uma lupa poderosa, onde tudo aparece desmedidamente grande —, e, por sua vez, o sentimento transborda, motivado por uma imaginação deformada.

Se este círculo se produz na pessoa egocêntrica, que vive centrada em si mesma e costuma reter os agravos, o resultado inevitável será uma enorme facilidade para sentir-se ofendida ou magoada por ações ou omissões dos outros, como poderiam ser uma repreensão, um esquecimento, uma palavra ou até um olhar. É significativo que isto seja especialmente frequente na adolescência, devido à imaturidade própria dessa idade — da tendência a centrar-se em si mesmo — e por não se ter ainda o caráter formado.

A insegurança

O ressentimento é uma reação que *permanece* dentro da pessoa. Essa permanência tem a ver com algum tipo de fraqueza: concretamente, com a incapacidade de "dar vazão" à reação provocada pela agressão. Ora, essa incapacidade procede muitas vezes da *insegurança* pessoal. Uma pessoa insegura, com uma baixa autoestima, não tem confiança em si e vive com o temor constante de ser agredida, ignorada ou rejeitada pelos outros. A insegurança tem diversas manifestações que originam ressentimentos e que, ordinariamente, também estão ligadas ao egocentrismo.

Há quem experimente uma necessidade desproporcionada de afeto e conceba o amor como mera receptividade: "A pessoa que só deseja ser estimada, mas que não se atreve a estimar ninguém, costuma ser muito imatura. Quando alguém faz da necessidade de ser estimado uma chave para a sua vida — às vezes a única —, torna-se muito mais dependente do afeto que recebe. Essa pessoa está tão subordinada aos que lhe dão o afeto de que precisa, que acaba por esvaziar e até perder o sentido da sua liberdade".[6] A consequência é a suscetibilidade derivada do egocentrismo, que julga

---

(6) Aquilino Polaino-Lorente, *Una vida robada a la muerte*, Planeta, Barcelona, 1997, p. 200.

como omissões imperdoáveis as inumeráveis expectativas que considera insatisfeitas por parte dos outros.

A insegurança inclina frequentemente a chamar a atenção, e por caminhos variadíssimos. Por exemplo, "quando ainda crianças, aprendemos que ficar doente é uma das maneiras mais eficazes de chamar a atenção. Para alguns, é a única. Quando adoecemos, os nossos amigos e parentes apressam-se a juntar-se à nossa volta e imediatamente nos sentimos mais amados e seguros. Há quem vá mais longe e arranje maneira de passar toda a vida doente ou caia das escadas e quebre as pernas cada vez que se sente ignorado ou rejeitado. Evidentemente, esta conduta é mais subconsciente do que consciente. No entanto, o certo é que os que sentem amor e segurança sofrem muito menos doenças e 'acidentes' do que aqueles que não se sentem realizados e têm uma grande dose de insegurança".[7] Quando estes últimos não conseguem ser o centro das atenções, sentem-se mal e facilmente ficam ressentidos.

---

(7) A. Matthews, *Por favor sea feliz*, Selector, México, 1996, p. 34.

Se à insegurança se associa certa dose de pessimismo, a pessoa pode considerar-se vítima e fomentar a autocompaixão: não me estimam, não me valorizam, não me fazem caso etc. Este *vitimismo* traduz-se ordinariamente em queixas que poucas vezes alcançam o que pretendem: "De uma coisa estou certo: queixar-se é contraproducente. Sempre que me queixo de alguma coisa com a esperança de inspirar pena e receber assim a satisfação que tanto desejo, o resultado é o contrário do que tento conseguir. É muito duro viver com uma pessoa que sempre está se queixando, e muito pouca gente sabe como dar resposta às queixas de uma pessoa que rejeita a si própria. O pior de tudo é que, geralmente, a queixa, uma vez expressada, conduz ao que se quer evitar: mais rejeição".[8]

Em casos extremos, patológicos, a insegurança pode converter-se em temor obsessivo de ser agredido, o que conduzirá a um cúmulo de ressentimentos dificilmente controláveis. "Nas personalidades paranoicas, por exemplo,

---

(8) Henri Nouwen, *O regresso do filho pródigo*, p. 79.

é possível que os atos dos outros sejam considerados pelo indivíduo doente uma ameaça ao seu próprio eu ou uma agressão. Estas interpretações errôneas podem converter-se em verdadeiras ideias delirantes de perseguição ou de vontade de causar um mal, dando como resultado uma resposta agressiva e violenta, com desejos de vingança por um mal sofrido, mas interpretado erroneamente como tal, ou de fugir e isolar-se para evitar esses constantes *ataques*".[9] Sem chegar a tais extremos, também é verdade que o cansaço e a doença em geral, que debilitam física ou psiquicamente a pessoa, favorecem o ressentimento porque diminuem as defesas para enfrentar adequadamente as reações às ofensas recebidas.

---

(9) B. Quintanilla, *Venganza y resentimiento*, in *Istmo*, n. 226, México, 1996, pp. 26-7.

Superação da insegurança

Como combater a insegurança e as suas diversas manifestações, para reduzir a inclinação ao ressentimento? Sugerimos aqui alguns meios:

— Ter clara a missão que nos cabe na vida e absorver-nos nela, de maneira que o sentido da nossa existência proceda do projeto e dos objetivos que nos tenhamos proposto, os quais, por sua vez, têm de coincidir com o plano que Deus tem para nós.

— Crescer continuamente como pessoas humanas, mediante a aquisição de valores e o aperfeiçoamento dos que já se têm. Isto fará com que aumente a autoestima sem contradizer a autêntica humildade, que consiste na verdade sobre nós mesmos.

— Fortalecer o caráter, acometendo desafios que exijam a vitória sobre si.

— Viver para os outros com objetivos claros de serviço e, deste modo, conseguir o esquecimento próprio.

— Valorizar as capacidades e qualidades pessoais — sem deixar de ver os defeitos — para nos apoiarmos nelas. Valorizar também os bons resultados que consigamos na vida, em qualquer terreno. Em ambos os casos, deve-se atribuir a Deus a origem dessas capacidades e resultados.

— Fomentar a confiança nos outros, para saber contar com eles e sentir-nos apoiados.

— Ter ciência de que somos filhos de Deus e de que Deus é infinitamente bom e poderoso.

A gratidão

Um meio especialmente eficaz para evitar o ressentimento, porque se opõe frontalmente ao egocentrismo e às outras disposições interiores negativas que analisamos, consiste na *gratidão*, entendida como capacidade de reconhecer os dons e benefícios recebidos.

Esta virtude implica a aptidão para descobrir tudo o que há de positivo na nossa vida e percebê-lo como um presente que nos leva a agradecer. É precisamente o que há de mais oposto ao ressentimento: "O ressentimento não pode coexistir com a gratidão, porque o ressentimento bloqueia a percepção e a experiência da vida como dom.

O meu ressentimento diz-me que não me dão o que mereço".[10]

Em sentido contrário, quem não espera nada, quem não exige nada para si, alegra-se pelo que recebe e ordinariamente acha tratar-se de mais do que merece. Além disso, costuma experimentar o desejo de corresponder, ainda que tantas vezes se considere incapaz de fazê-lo na mesma proporção do que recebeu. Com palavras de Polaino-Lorente, "quando uma pessoa se sente querida por muitas outras, sem o merecer, é lógico que entenda essa afeição e a sua própria vida como um presente. Surge então, de forma inevitável, o agradecimento. Se não dispomos de nenhuma coisa adequada para agradecer um presente dessa natureza, só existe uma opção possível: pagar com a mesma moeda, agradecer o presente — a estima — oferecendo algo da mesma natureza, isto é, estimando".[11]

Quem age e reage desta maneira é incapaz de ressentir-se. A gratidão, como qualquer

---

(10) Henri Nouwen, op. cit., pp. 92-3.

(11) Aquilino Polaino-Lorente, op. cit., p. 200.

outro hábito, pode ser adquirida e desenvolvida mediante a sucessiva repetição de atos: reconhecedo interiormente os dons recebidos, expressando exteriormente o agradecimento e procurando corresponder com obras.

PERDOAR... E?

Desculpar e perdoar

Se caminho pela rua e de repente tropeço, perco o equilíbrio e involuntariamente derrubo um transeunte, o que devo fazer é pedir-lhe desculpas. Se a vítima do meu acidente percebe que a minha ação foi, com efeito, involuntária, há de *des-culpar-me,* isto é, reconhecerá que não fui culpado. Mas, se esse mesmo transeunte, ao chegar em casa, ofende a esposa, não basta que posteriormente peça para ser *des-culpado:* deverá pedir perdão, porque foi culpado da ofensa cometida. "Só tem de ser perdoado quem agiu com intenção, quem fez o que queria ou, dito de outra maneira, aquele que agiu *livremente*".[1] Portanto, *desculpa-se* o inocente e *perdoa-se* o culpado.

Desculpar é um ato de justiça, porque o agressor merece ser reconhecido como não culpado, ao passo que perdoar é um ato que transcende a estrita justiça, uma vez que o culpado *não merece* o perdão; se é perdoado, é por um ato de amor, de misericórdia. "Não existe caridade cristã, mas mera justiça, quando se desculpa o desculpável. Para sermos cristãos, devemos perdoar o indesculpável, porque assim procede Deus conosco".[2]

Não há dúvida de que é mais fácil desculpar que perdoar. Quando percebo que alguém não tem culpa, não encontro em mim nenhuma resistência para desculpá-lo, porque o natural é precisamente reconhecer a sua inculpabilidade. Já quando descubro que o ofensor é culpado pela sua ação, em geral surge naturalmente uma reação, inspirada no sentido da justiça, que inclina a exigir que

---

[1] André Comte-Sponville, *Pequeno tratado das grandes virtudes*, Martins Fontes, São Paulo, 1996, p. 136.

[2] C. S. Lewis, *El perdón y otros ensayos*, Andrés Bello, Santiago do Chile, 1998, p. 14.

o agressor arque com as consequências da sua ação, que pague pelos danos ocasionados. O perdão, neste caso, implica em ir contra essa primeira reação espontânea, sobrepor-se à inclinação de exigir o que a justiça parece ditar, mas que é superada pela misericórdia. O que não tem sentido, porque se trataria de um esforço estéril, é perdoar o desculpável, aquele que merece uma simples desculpa. E isto pode acontecer se não se distingue, na prática, o desculpável do perdoável.

Na vida ordinária, é frequente que muitas ações aparentemente ofensivas sejam interpretadas como agressões culposas, quando na realidade não o são, porque lhes falta intencionalidade. É o que acontece com as omissões involuntárias. Uma boa dose de reflexão, unida à atitude de pôr-se no lugar do outro, permite compreender com objetividade essas ações e omissões e descobrir que em muitos casos não é necessário perdoar, que basta desculpar, pois o presumível agressor agiu por erro, por ignorância ou por simples distração. Assim, além disso, quem sofreu o agravo poupa-se do peso extra de ter de perdoar.

Em outros casos, pode acontecer que descubramos circunstâncias atenuantes que reduzem o grau de culpa. É o que acontece com o pai de família que chega em casa cansado, depois de um dia de trabalho complicado, e reage com mau humor à música estrondosa que os filhos estão ouvindo; ou com a esposa que não recebe o marido com todo o afeto que ele esperaria, uma vez que está com os nervos à flor da pele depois de um dia em que teve de resolver muitas questões da vida doméstica.

Também pode acontecer que haja circunstâncias mais permanentes que, se se compreendem bem, simplificam consideravelmente o problema do perdão, transferindo-o para o terreno do desculpável. Os pais que captam com profundidade o temperamento dos seus filhos ou a etapa da vida em que se encontram não se surpreendem com as reações correspondentes a essas circunstâncias; e, quando são ofensivas, muitas vezes as desculpam sem necessidade de perdoá-las, pelas atenuantes que descobrem.

Evidentemente, não se trata de fechar os olhos à realidade, mas de distinguir com a maior precisão possível o culpável do desculpável, pois, "com um pedido de desculpas perfeito, não precisamos perdoar, mas se uma ação requer que seja perdoada, é impossível desculpá-la".[3] O verdadeiro realismo conduz à compreensão objetiva dos outros, a qual não consiste em julgá-los como se fossem objetos distantes ou inimigos potenciais, mas em olhá-los com amor, a fim de descobrir todas as atenuantes que têm de se incluir no juízo e, assim, reduzir o perdão ao estritamente culpável.

Misericórdia e perdão

No Antigo Testamento, prevalecia a *Lei de Talião*, inspirada na justiça estrita: "Olho por olho, dente por dente".[4] Jesus Cristo vem aperfeiçoar a Antiga Lei e introduz uma modificação fundamental, que consiste em vincular a justiça à misericórdia — mais ainda, em subordinar a justiça ao amor, o que acaba por ser profundamente revolucionário.

---

(3) C.S. Lewis, op. cit., p. 12.

(4) "Precisamos ter presente que o princípio veterotestamentário do *olho por olho, dente por dente* (cf. Ex 21, 24; Lv 24, 20; Dt 19, 21), não é a canonização de uma sede de vingança, mas, pelo contrário, o princípio do direito em vez do princípio de vingança" (Cardeal Joseph Ratzinger, *Mirar a Cristo*, Edicep, Valência, 1990, pp. 108-9).

A partir da vinda de Cristo, as ofensas recebidas deverão ser perdoadas, pois o perdão fará parte essencial do amor. "Ele quer que fique claro, desde o primeiro momento, que não veio pedir 'um pouco mais de amor', que o 'seu' amor não é 'ir um pouquinho além do que indicaria a justiça', mas fazer, por amor, o contrário do que a justiça exigiria, indo até o outro extremo pelo caminho do perdão e do amor".[5]

A misericórdia que Jesus pratica e exige dos seus não se choca só com o sentir da sua época, mas com o de todos os tempos: *Ouvistes que foi dito: "Ama o teu próximo e odeia o teu inimigo". Mas eu vos digo: "Amai os vossos inimigos, fazei o bem aos que vos odeiam e orai pelos que vos perseguem e caluniam"* (Mt 5, 43-44). *A quem te ferir numa face, oferece-lhe a outra, e a quem te tomar o manto, dá-lhe também a túnica* (Lc 6, 28-29).

Estas exigências do amor vão além da capacidade natural do homem, e por isso Jesus convida os seus a uma meta que não

---

(5) J. L. Martín Descalzo, *Vida y misterio de Jesús de Nazaret*, t. II, Sígueme, Salamanca, 1992, pp. 174-5.

tem limites, pois só daí poderão tentar o que lhes pede: *Sede misericordiosos como o vosso Pai é misericordioso* (Lc 6, 36). Para este ideal, poderão contar com a ajuda de Deus.

O que é perdoar

À diferença do ressentimento produzido por certas ofensas, o perdão não é um sentimento. Perdoar não equivale a deixar de sentir. Há quem se considere incapaz de perdoar certos agravos porque não pode eliminar os seus efeitos: não pode deixar de experimentar a ferida, nem o ódio, nem o desejo de vingança. Daqui podem derivar complicações no âmbito da consciência moral, especialmente se se tem em conta que Deus espera que perdoemos para que Ele nos perdoe (cf. Mt 6, 12).

A incapacidade de deixar de sentir o ressentimento, no nível emocional, pode ser efetivamente insuperável, ao menos a curto prazo. No entanto, se se compreende que o perdão se situa num nível diferente do ressentimento, isto é, no nível da vontade, descobrir-se-á o caminho que leva à solução.

O empregado que foi despedido injustamente da empresa, o cônjuge que sofreu a infidelidade do seu consorte, os pais a quem sequestraram um filho podem decidir perdoar — apesar do sentimento adverso que experimentam necessariamente —, porque o perdão é um ato volitivo, e não um ato emocional. Entender esta diferença entre sentir uma emoção e tomar uma decisão já é um passo importante para esclarecer o problema.

Na vida, muitas vezes devemos agir no sentido inverso ao daquele que os nossos sentimentos nos marcam, e de fato o fazemos porque a nossa vontade se sobrepõe às nossas emoções.[6] Por exemplo, quando sentimos

---

(6) "A vontade, que pode mover o entendimento no seu exercício, pode mover também despoticamente outras potências, especialmente as motrizes: pode dar ordens aos braços e as pernas, comandar a direção do olhar, o movimento da língua, as operações das mãos... Mas não lhe foi dado mover dessa maneira os apetites, sentimentos ou moções sensíveis, os quais gozam de certa autonomia. Cabe à vontade, com a ajuda do entendimento, exercer um governo político, persuasivo ou de convencimento sobre as tendências sensíveis do ser humano, e a isso tem de circunscrever-se: quando não as pode orientar para o bem, deve transcendê-las, passar por cima delas" (Carlos Llano, op. cit., p. 142).

desânimo por algum fracasso que tivemos na realização de uma tarefa e, em lugar de abandoná-la, nos sobrepomos e continuamos em frente até concluí-la; quando alguém implicou conosco e sentimos o impulso de agredi-lo, mas decidimos controlar-nos e ser pacientes; quando em certo momento do dia temos um acesso de preguiça e, no entanto, optamos por trabalhar. Em todos estes casos, manifesta-se a capacidade da vontade de dominar os sentimentos. O mesmo se passa quando perdoamos apesar de nos sentirmos emocionalmente inclinados a não o fazer.

O perdão é um ato da vontade porque consiste em uma decisão. Qual é o conteúdo desta decisão? O que é que decido quando perdoo? Quando perdoo, opto por cancelar a dívida moral que o outro contraiu comigo ao ofender-me e, portanto, liberto-o enquanto devedor.

Não se trata, evidentemente, de suprimir a ofensa cometida, de eliminá-la e fazer que nunca tenha existido, porque não temos esse poder. Só Deus pode apagar a ação ofensiva e conseguir que o ofensor volte à situação em que se encontrava antes de cometê-la. Mas nós, quando perdoamos realmente, desejaríamos que o outro ficasse completamente eximido da má ação que cometeu.

Por isso, "perdoar implica pedir a Deus que perdoe, pois só assim a ofensa é aniquilada".[7] Este modo de proceder é radical e inclui diversas consequências para quem perdoa. Vejamo-las.

Modificar os sentimentos negativos

A decisão de cancelar a dívida ao ofensor é um ato de amor e exige também o desejo de eliminar os efeitos subjetivos que a ofensa produziu em mim, como são o ódio, o ressentimento, o desejo de vingança. Perdoar

> é deixar de odiar, e essa é, precisamente, a definição da misericórdia: é a virtude que triunfa sobre o rancor, sobre o ódio justificado, sobre o ressentimento, o desejo de vingança ou de castigo. É, pois, a virtude que perdoa, não pela supressão da infração ou da ofensa — o que não podemos fazer —, mas pela interrupção

---

(7) Leonardo Polo, *Quién es el hombre*, Rialp, Madri, 1983, p. 140.

do ressentimento para com aqueles que nos ofenderam ou prejudicaram[8].

Decerto, como dissemos, esta decisão não elimina automaticamente as tendências emocionais, os sentimentos gerados pela agressão, mas leva a não consentir neles e a empregar os meios para modificá-los progressivamente.

A eliminação desses sentimentos negativos, provocados pela ofensa, pode resolver-se por uma via indireta. Em vez de reprimi-los pura e simplesmente — com o que não conseguiríamos eliminá-los — , é mais eficaz procurar dar-lhes uma reviravolta que os faça mudar de sinal. Quando a ferida nos atinge, podemos pensar no mal que o outro fez a si mesmo ao ofender-nos e condoer-nos dele; podemos também pedir a Deus que o ajude a emendar a sua ação errônea, apesar de ainda estarmos experimentando os seus efeitos. Para dizê-lo com maior propriedade, "não está nas nossas mãos não sentir mais a ofensa e esquecê-la, mas o coração que se oferece ao Espírito Santo transforma a

---

(8) André Comte-Sponville, op. cit., p. 132.

ferida em compaixão e purifica a memória, transformando a ofensa em intercessão".[9]

O cancelamento da dívida que se produz ao perdoar traz consequências para a pessoa que perdoa. Não é um ato em que a subjetividade dessa pessoa fique à margem, como se se tratasse de um negócio que se resolvesse friamente. Perdoar exige restabelecer a relação que se tinha com o outro antes de que cometesse a ofensa. Se a relação era estreita, exigirá o restabelecimento do amor anterior. Não basta cancelar a dívida e manter-se à margem. É preciso que nenhum sentimento despertado pela ofensa anuvie a relação amorosa que existia.

É o que acontece no perdão divino: "Quem sabe o que significa o amor de Deus para com ele conceberá o perdão de outro modo muito diverso, pois não se contenta com que Deus cancele a sua dívida ou renuncie a castigá-lo: deseja e precisa de outra coisa muito mais urgente para ele; precisa de que Deus o ame, que continue a amá-lo como antes, sem reservas, sem

---

(9) *Catecismo da Igreja Católica*, n. 2843.

reticências, sem que nenhuma sombra do passado venha obscurecer ou condicionar esse amor [...]. O perdão significa para ele precisamente o restabelecimento do amor; o resto é secundário".[10]

Quando alguém foi ofendido por um amigo, não poderá dizer-lhe: "Perdoo-lhe, mas de agora em diante guardaremos distância". Se realmente perdoei, as distâncias têm de desaparecer. Deverá tratá-lo como se nada tivesse acontecido, aceitá-lo apesar do mal ocasionado, mesmo que a ferida ainda não tenha desaparecido. Certamente, neste caso, em que a amizade exige reciprocidade, será necessário que o outro retifique, porque, se mantém a sua disposição de ofender, a relação não poderá ser reconstruída, por mais que o ofendido perdoe.

Perdão e prudência

Quando alguém causou um dano e mantém a intenção de continuar a cometê-lo, é

---

(10) J. M. Cabodevilla, *El padre del hijo pródigo*, BAC, Madri, 1999, p. 139.

perfeitamente válido que o afetado acompanhe o seu perdão das medidas de prudência necessárias para evitar que o outro continue a realizar o seu propósito. Se alguém vem à minha casa e rouba ou tenta agredir uma pessoa da minha família, posso perdoá-lo, mas evitarei que volte a entrar em meu lar, pelo menos enquanto não me conste que as suas intenções mudaram realmente.

Este modo de proceder não corresponde só ao direito que tenho de me proteger, mas também ao desejo de ajudar o ofensor. Se perdoar é um ato de amor e o amor consiste em buscar o bem do outro, farei um bem a esse inimigo na medida em que o ajudar a evitar ações que o prejudiquem. Se, além de lhe fechar as portas da minha casa para que não leve adiante os seus maus propósitos, posso influir de alguma forma na sua conduta, deverei fazê-lo, ao menos se quero levar o perdão até as suas últimas consequências.

Do mesmo modo, há ocasiões em que o bem do agressor pode requerer uma ação punitiva por parte daquele que tem de perdoar. Uma repreensão ou mesmo um castigo podem ser compatíveis com o perdão, se o que se pretende realmente é o bem do outro.

Uma mãe pode chamar energicamente a atenção da filha que lhe desobedeceu e simultaneamente perdoá-la; pode até impor-lhe um castigo, caso esse recurso seja o mais acertado para que se corrija.

Também aqui é necessário, em muitos casos, sobrepor-se aos sentimentos próprios, se na verdade se procura o bem dos outros. É mais cômodo perdoar e ficar passivo diante do erro do outro do que perdoá-lo e ao mesmo tempo tomar as medidas corretivas que o melhorem. Perdoar não é necessariamente cancelar o castigo ou as dívidas materiais — o que em alguns casos não favoreceria o bem do ofensor —, mas eliminar a dívida moral que o outro contraiu conosco ao ofender-nos.

Pode acontecer que, depois de perdoar e renunciar a toda vingança pessoal, permaneça, amparado no sentido da justiça, um sentimento sutil, o desejo de que um terceiro — o destino ou o próprio Deus — execute a vingança. Seria como dizer ao ofensor: "Eu o perdoo, mas você terá de se haver com Deus". Quem agisse deste modo não estaria realmente perdoando. "O perdão humano não equivale a veicular a vingança humana através da divina: decidir não se vingar porque Deus o fará por mim é um álibi que atenta diretamente contra a piedade e contra a honra. Portanto, quem souber que além do tempo Deus decide o castigo, este deve pedir: 'Perdoai-nos a todos'".[11]

Em resumo, perdoar é um ato radical da vontade, que inclui um aspecto objetivo e outro subjetivo. Por um lado, a decisão de cancelar a dívida moral derivada da ofensa, restabelecer a relação com o ofensor e buscar o seu bem, conforme for conveniente em cada caso; por outro, tratar de eliminar os sentimentos adversos provocados pela ofensa, substituindo-os ou trocando-os por outros de sinal positivo.

Perdoar e esquecer

Qual a relação entre perdoar e esquecer? Perdoar é esquecer? Esquecer é perdoar? O que significa a expressão ""perdoo, mas não esqueço?"

---

(11) Leonardo Polo, *Quién es el hombre?*, pp. 139-140.

Vimos que o ato de perdoar consiste numa decisão da vontade. O ato de esquecer, porém, tem lugar no âmbito da memória, que não atende imediatamente às ordens da vontade. Posso decidir esquecer uma ofensa e apagá-la da minha memória, mas não consegui-lo. A ofensa continua aí, no arquivo, apesar da minha decisão voluntária. A primeira coisa que isto me diz é que esquecer não é a mesma coisa que perdoar, pois posso decidir perdoar e consegui-lo, sem que a decisão de esquecer tenha o mesmo resultado. O perdão, portanto, pode ser compatível com a lembrança da ofensa. Mas uma lembrança serena e até certo ponto distante, como a que guardamos de um acontecimento que já não nos afeta.

Já a expressão "perdoo, mas não esqueço" significa que, no fundo, não se quer esquecer, e esse não querer esquecer equivale a não querer perdoar. Por quê?

Quando se perdoa, cancela-se a dívida do ofensor, o que é incompatível com a intenção de não querer esquecê-la. Em consequência, se não podemos identificar o perdão com o fato de esquecer o agravo, o que, sim, podemos dizer é que *perdoar é querer esquecer*. Lê-se no jornal a seguinte notícia, que exprime

67

com outras palavras essa ideia do "perdoo, mas não esqueço":

> Vinte e quatro horas depois de Cuauhtémoc Cárdenas se ter reunido com o presidente eleito do México, Vicente Fox, perguntaram-lhe:
> — Aceita o pedido de desculpas de Fox? Aceita-o?
> — Eu só me reuni com ele.
> — Perdoa-lhe ou não?
> — Continuaremos a conversar.
> Ontem de manhã, o presidente eleito afirmou: 'Não sou um homem de rancores, mas toma-se nota dos insultos; todos o fazemos, não é verdade?'[12]

Ordinariamente, se a decisão de perdoar — que inclui o desejo de esquecer, de não tomar nota dos insultos — foi firme e se mantém, a lembrança da ofensa irá perdendo intensidade e, em muitos casos, acabará por extinguir-se. Mas, mesmo que isto não acontecesse, o perdão teria sido concedido, porque a sua essência não consiste

---

(12) *Reforma*, 28/07/2000, p. 3A.

em esquecer, mas na decisão de libertar o ofensor da dívida contraída.

Um sinal eloquente de que se perdoou, embora não se tenha podido esquecer, é que a lembrança involuntária da ofensa não afete o modo de conduzir-se com o perdoado. "Talvez não nos seja possível esquecer, mas devemos proceder como se tivéssemos esquecido. O verdadeiro perdão exige agir deste modo. Porque o verdadeiro amor *não guarda rancor* (1 Cor 13, 5)".[13]

Por outro lado, podemos dizer que esquecer é perdoar? Já vimos que se trata de duas ações que não se podem identificar. Uma ofensa pode ser esquecida sem ter sido perdoada, ainda que, se o agravo foi intenso, dificilmente será esquecido se não se perdoou. Por isso, quando a ofensa foi grande e se decidiu perdoá-la, o esquecimento pode ser uma clara confirmação de que realmente se perdoou. Borges narra, com brilhante imaginação, um encontro entre Caim e Abel algum tempo depois do fratricídio, ilustrando o que acabo de dizer:

---

(13) J. M. Cabodevilla, op. cit., p. 219.

Caminhavam pelo deserto e reconheceram-se de longe, porque os dois eram muito altos. Os irmãos se sentaram no chão, fizeram uma fogueira e comeram. Estavam em silêncio, como as pessoas cansadas quando o sol se põe. No céu, assomava alguma estrela, que ainda não havia recebido o seu nome. À luz das chamas, Caim observou na fronte de Abel a marca da pedra e deixou cair o pão que estava para levar à boca e pediu ao irmão que lhe perdoasse o seu crime. Abel respondeu: 'Foste tu que me mataste ou eu que te matei? Já não me lembro; aqui estamos juntos outra vez, como antes.' 'Agora sei que na verdade me perdoaste — disse Caim —. Porque esquecer é perdoar. Eu procurarei também esquecer'.[14]

---

(14) Jorge Luis Borges, *Leyendas*, in *Obras*, Emecé, Buenos Aires, 1984.

O MISTÉRIO DO PERDÃO

Por que perdoar?

A pergunta tem a sua lógica: se é tão difícil perdoar, ao menos certas ofensas, que necessidade temos de fazê-lo? Vale a pena? Que benefícios traz o perdão? Numa palavra, por que teremos de perdoar?

O primeiro motivo que provavelmente virá à mente é o de que, quando perdoamos, nos libertamos da escravidão produzida pelo ódio e pelo ressentimento e recuperamos a felicidade que havia ficado bloqueada por esses sentimentos. "Uma coisa que me ajuda muitíssimo é perceber que, ao sentir-me magoado com outra pessoa, depositei a minha felicidade nas mãos dessa pessoa. Conferi-lhe um poder muito real sobre mim. A transformação da carga negativa em positiva terá lugar no momento em que na verdade recupere a responsabilidade pela minha própria felicidade. Isto normalmente quer dizer que devo perdoar a pessoa que me provocou ressentimento. Devo libertar essa pessoa da dívida real ou imaginária que tem para comigo e devo libertar-me a mim mesmo do elevado preço do constante ressentimento".[1]

Também tem muito sentido perdoar em função das nossas relações com o próximo. As diferenças com as pessoas com quem convivemos e que estimamos fazem parte ordinária do relacionamento com elas. Algumas vezes, essas diferenças podem converter-se em ofensas, que doem mais quando provêm daqueles a quem mais estimamos: os pais, os filhos, o esposo ou a esposa, os amigos ou as amigas. Se existe a capacidade e a disposição de perdoar, essas situações dolorosas superam-se e o amor ou a amizade se recuperam. Pelo contrário, se não se perdoa, o amor arrefece ou até pode converter-se em ódio; e a amizade, com todo o valor que encerra, pode perder-se para sempre.

Além destes motivos humanos para perdoar, existem razões que poderíamos

---

(1) J. Powell, *La felicidade es uma tarea interior*, Diana, México, 1996, p. 69.

chamar sobrenaturais, porque derivam do nosso relacionamento com Deus. De nenhum modo se contrapõem às anteriores, mas são um reforço e um complemento. Existem situações extremas em que os argumentos humanos são insuficientes para perdoar, e então é preciso recorrer a este outro nível transcendente para encontrar o apoio que falta. Quais são essas razões?

Deus nos fez livres e, portanto, capazes de amá-lO ou de ofendê-lO mediante o pecado. Se optamos por ofendê-lO, Ele pode perdoar-nos se nos arrependemos, mas estabeleceu para isso uma condição: que antes perdoemos nós ao próximo que nos tenha ofendido. Assim o repetimos na oração que Jesus Cristo nos ensinou: "Perdoai as nossas ofensas, assim como nós perdoamos a quem nos tem ofendido". Por que Deus condiciona o seu perdão a que nós perdoemos e, ainda mais, exige que perdoemos incondicionalmente aos nossos inimigos, isto é, mesmo que estes não queiram retificar?

Logicamente, Deus não pretende dificultar-nos o caminho e sempre quer o melhor para nós. Deseja profundamente perdoar-nos, mas o seu perdão não pode penetrar em nós se não modificamos as nossas disposições. "Quando nos negamos a perdoar aos nossos irmãos e irmãs, o nosso coração fecha-se, a sua dureza torna-o impermeável ao amor misericordioso de Deus".[2]

Deus respeita a nossa liberdade. Condiciona a sua intervenção à nossa livre abertura para receber a sua ajuda. E a chave que abre o coração para que o perdão divino possa entrar é o ato de perdoar livremente a quem nos ofendeu — não só uma vez, isoladamente, mas mesmo de maneira reiterada. "Talvez não seja tão difícil perdoar uma só grande ofensa. Mas como esquecer as provocações incessantes da vida cotidiana? Como perdoar de maneira permanente uma sogra dominante, um marido irritante, uma esposa rabugenta, uma filha egoísta ou um filho mentiroso? No meu modo de ver, só é possível consegui-lo recordando a nossa situação, compreendendo o sentido destas palavras nas nossas orações de cada noite: 'Perdoai-nos as nossas ofensas assim como nós perdoamos a quem nos tem ofendido'. Só nestas condições é que

---

(2) *Catecismo da Igreja Católica*, n. 2840.

podemos ser perdoados. Se não as aceitamos, estamos rejeitando a misericórdia divina. A regra não tem exceções, e nas palavras de Deus não existe ambiguidade".[3]

Além dessa ocasião em que ensinou o Pai-nosso, Jesus insistiu muitas outras vezes na necessidade do perdão. Quando Pedro lhe perguntou se devia perdoar até *sete* vezes, respondeu-lhe que até *setenta vezes sete* (cf. Mt 18, 21-22), indicando com essa resposta que o perdão não tem limites; Ele pediu-nos que perdoássemos a todos, mesmo aos inimigos (cf. Mt 5, 44) e aos que retribuem o bem com o mal (cf. Mt 5, 39). Para o cristão, estes ensinamentos constituem uma razão poderosa a favor do perdão, pois foram ditados pelo Mestre.

Mas Jesus, que é o modelo a seguir para quem tem fé nEle, não só pregou o perdão, mas o praticou inumeráveis vezes. Na sua vida, encontramos abundantes episódios em que se põe de manifesto a facilidade com que perdoa, que é provavelmente a característica que melhor expressa o amor que existe no

---

(3) C. S. Lewis, op. cit., p. 15.

seu Coração: "Entre as variadas manifestações de caridade para com o próximo, gosto de deter-me numa que é reflexo fidelíssimo dos sentimentos do nosso Redentor: a prontidão em conceder o perdão".[4] Por exemplo, enquanto os escribas e os fariseus acusam uma mulher surpreendida em adultério, Jesus concede-lhe o perdão e recomenda-lhe que não peque mais (cf. Jo 8, 3-11); quando lhe levam um paralítico numa cama para que o cure, antes perdoa-lhe os pecados (cf. Mc 2, 5); quando Pedro O nega por três vezes, apesar de ter sido advertido, Jesus olha-o, fá-lo reagir (cf. Lc 22, 56-60) e não somente o perdoa, mas devolve-lhe toda a confiança, pondo-o à frente da Igreja. E o momento culminante do perdão de Jesus tem lugar na Cruz, quando eleva a sua oração por aqueles que O estão martirizando: *Pai, perdoa-lhes, porque não sabem o que fazem* (Lc 23, 34).

A consideração de que o pecado é uma ofensa a Deus, de que a ofensa adquire dimensões infinitas por ser Deus o ofendido e de que, apesar disso, Deus perdoa os nossos

---

(4) Javier Echevarría, *Carta pastoral*, 01/04/1999.

pecados quando fazemos o que está ao nosso alcance permite-nos ver a enorme desproporção que há entre esse perdão divino e o perdão humano.

Por isso, é muito lógico o seguinte conselho: "Esforça-te, se é preciso, por perdoar sempre aos que te ofendem, desde o primeiro instante, já que, por maior que seja o prejuízo ou a ofensa que te façam, mais te tem perdoado Deus a ti".[5]

Este "mais" inclui também o aspecto quantitativo, isto é, as inumeráveis vezes em que ofendemos a Deus e Ele esteve disposto a nos perdoar. Por isso, este argumento tem valor perene, qualquer que seja a magnitude da ofensa que tenhamos recebido e o número de vezes em que tenhamos sido ofendidos. "A palha e a viga, isto é, as ofensas que eu recebi de meu próximo e as ofensas que cometi contra Deus. A desproporção entre umas e outras é incomensurável, absoluta. Como não desculpar aquelas, se as comparo

---

(5) Josemaria Escrivá, *Caminho*, Quadrante, São Paulo, 2022, n. 452.

com estas? Como não me acusar destas, se as comparo com aquelas?"[6]

Até onde perdoar

Há ofensas que parecem imperdoáveis pela sua magnitude, por recaírem sobre pessoas inocentes ou pelas consequências que delas derivam. Humanamente falando, não encontraríamos justificativa suficiente para perdoá-las, porque, em última análise, o perdão não pode ser entendido, em toda a sua dimensão e em todos os casos, com esquemas exclusivamente antropológicos, como observamos nos parágrafos anteriores. Somente desta perspectiva teológica é que podemos compreender que mesmo o que parece imperdoável pode ser perdoado, porque "não há limite nem medida para este perdão, essencialmente divino".[7]

Se o perdão, *na sua essência,* compete a Deus, isso significa também que o homem, se

---

(6) J. M. Cabodevilla, op. cit., pp. 224-5.

(7) *Catecismo da Igreja Católica*, n. 2845.

deseja perdoar radicalmente, tem de vincular-se a Deus. Só assim se explica, por exemplo, o testemunho de João Paulo II que sacudiu a humanidade quando, depois do atentado de 13 de maio de 1981, após ter saído do hospital, visitou pessoalmente o seu agressor Ali Agca e o abraçou, tendo comentado depois: "Falei-lhe como se fala a um irmão que goza da minha confiança e a quem *perdoei*".

Esta universalidade do perdão inclui também as ofensas que mais nos custe perdoar: as que sofrem as pessoas que mais amamos. Emocionalmente, experimentamos nestes casos que, se perdoamos a quem cometeu o abuso, atraiçoamos o afeto que sentimos pela vítima. Mas uma vez mais será preciso que não nos deixemos levar pelo sentimento e procuremos distinguir o afeto que sentimos por esse ser querido da ação de perdoar o agressor, por uma exigência superior e de ordem diferente. E, na medida das nossas possibilidades, procuraremos concretizar o amor buscando o bem de ambas as partes: de quem recebeu a ofensa e a quem amamos naturalmente, mediante a ajuda e o afeto de que precise;

de quem o ofendeu, pelo corretivo que lhe facilite a retificação.

A ausência de limite e medida no perdão também inclui a sua reiteração cada vez que a ofensa se repita. A frase de Jesus — *até setenta vezes sete* (Mt 18, 22) — tem este sentido. Sob outra perspectiva, "perdoar sempre significa que, cada vez que se repete o perdão, é como se fosse a primeira. Porque o passado já não existe. Porque as ofensas anteriores foram todas anuladas e todas foram apagadas do coração".[8] No entanto, aqui também se devem utilizar os meios oportunos para ajudar o agressor a mudar de comportamento, para seu próprio bem, já que ele é o primeiro prejudicado com o seu modo de proceder.

Como perdoar

Tal como as pessoas que não distinguem o desculpável do culpável no suposto agressor, aquele que se deixa dominar pela imaginação e inventa ofensas, ou exagera as que recebe,

---

(8) J. M. Cabodevilla, op. cit., p. 218.

considera-se obrigado a perdoar o desnecessário, e então a tarefa do perdão se torna muito mais difícil. Mas também é errado o caminho contrário, o daquele que não quer reconhecer as bondades do perdão ante a ofensa real que recebeu e pretende ignorá-la ou esquecê-la para não ter de perdoá-la. Neste caso, o efeito da ofensa fica dentro, não se resolve porque não se perdoou.

Por isso, é conveniente submeter as ofensas a uma análise rigorosa para eliminar o exagero e o elemento imaginário da nossa interpretação, isolar o desculpável, mas ao mesmo tempo reconhecer a ofensa com objetividade. Em outras palavras, para perdoar é preciso ser realista. "O perdão deve ser acompanhado da crueza do realismo. Para podermos perdoar, devemos estar aptos a ter a valentia de olhar de frente o horror, a injustiça, a maldade, de que fomos objeto. Não podemos distorcer, não podemos desculpar, não podemos ignorar. Vemos o mal de frente e chamamo-lo pelo seu nome. Só as pessoas realistas podem perdoar".[9] Por

---

(9) L. B. Smedes, *Perdonar y olvidar*, Diana, México, 1999, p. 184.

outras palavras, "o verdadeiro perdão implica olhar sem rodeios o pecado, a parte indesculpável, depois de descontadas todas as circunstâncias atenuantes, vê-lo em todo o seu horror, baixeza e maldade, e reconciliar-se apesar de tudo com o homem que o cometeu. Isso — e nada mais que isso — é o perdão, e sempre poderemos recebê-lo de Deus, se o pedimos".[10]

Na parábola do *filho pródigo*, o filho mais velho não pode perdoar o seu irmão por uma razão muito simples: porque não se considera necessitado de perdão. Sempre se comportou bem, permaneceu na casa paterna e não tem nada de que se arrepender. "Quando compreendermos que todos somos pecadores necessitados de perdão, ser-nos-á fácil perdoar os outros. Temos de ser perdoados para podermos perdoar. Se eu não entendesse isto, teria muita dificuldade em dizer 'eu o perdoo' a quem quer que recorresse a mim".[11]

---

(10) C. S. Lewis, op. cit., pp. 13-4.

(11) Madre Teresa de Calcutá, *El amor más grande*, Urano, Barcelona, 1997, p. 132.

São João Crisóstomo dizia que "aquele que considera os seus próprios pecados estará mais preparado para perdoar o seu companheiro".[12] Reconhecer as próprias ofensas não é senão ser humilde, e a humildade é a base para qualquer ação boa, especialmente quando a ação deve proceder do amor, como é o caso do perdão. O soberbo só ama a si mesmo, não se considera necessitado de perdão e, em consequência, não pode perdoar.

Para perdoar, requer-se também fortaleza, tanto para que seja firme a decisão de libertar o outro da dívida moral que contraiu como para manter essa decisão com o decorrer do tempo. A decisão de perdoar não cauteriza automaticamente a ferida nem a faz desaparecer da memória, e por isso, se não se reitera essa decisão, cada vez que se sinta a ferida ou se recorde a ofensa correr-se-á o perigo de voltar a admitir o ressentimento e retirar o perdão.

Mas, apesar de tudo o que dissemos, há ocasiões em que perdoar supera a capacidade pessoal. É então o momento de recordar que

---

(12) São João Crisóstomo, *In Matthaeum homiliae*, 61, 5.

o perdão, na sua essência mais profunda, é *divino*, pelo que se faz necessário recorrer a Deus para poder concedê-lo: "Da acolhida do perdão divino brota o compromisso de perdoar os irmãos".[13] E São Josemaria Escrivá costumava dizer: "É preciso perdoar! Mas de verdade, sem ressentimento. O perdão é coisa divina. Nós, os homens, não saberíamos fazê-lo, se Jesus Cristo não no-lo ensinasse".[14]

Efeitos do perdão

Perdoar é algo que traz grandes benefícios, tanto em nível pessoal como nas relações com os outros e com Deus. No terreno pessoal, os efeitos do perdão vão desde o anímico até o ontológico. Na relação com o próximo, o benefício é mútuo. E, no terreno sobrenatural, o coração que perdoa torna-se capaz de receber o perdão divino.

Embora existam diversos recursos para vencer o ressentimento, como vimos atrás, o

---

(13) João Paulo II, *Homilia na missa da Jornada Jubilar do Perdão*, 12/03/2000.

(14) Cf. Javier Echevarría, *Carta pastoral*, 01/04/1999.

remédio mais profundo é o perdão. Quando retenho interiormente a ferida que determinada ofensa me produziu, quando essa ferida gerou ódio ou rancor, a única solução verdadeira consiste em perdoar, a fim de apagar a dívida que o outro contraiu comigo e eliminar, embora paulatinamente, o veneno que esses sentimentos negativos provocam no meu espírito. Na medida em que o ressentimento desaparece, recobra-se a paz e a felicidade. Por isso, João Paulo II, com o olhar posto no terceiro milênio, pediu "que a alegria do perdão seja maior e mais profunda que qualquer ressentimento".[15] E eliminar o ressentimento é também libertar-se de umas correntes que produzem dependência e escravidão, que ensombrecem a existência. O perdão é assim, em última análise, o caminho para a liberdade interior, que nos permite olhar a vida positivamente e orientá-la para ideais elevados que valem a pena.

Perdoar é a manifestação mais alta do amor e, em consequência, o que mais transforma o coração humano. Cada vez que

---

(15) João Paulo II, Bula *Incarnationis mysterium*, 29/11/1998, n. 11.

perdoamos, opera-se em nós uma conversão interior, uma verdadeira metamorfose, e a tal ponto que São João Crisóstomo chega a dizer que "nada nos assemelha tanto a Deus como estar dispostos a perdoar".[16]

Enquanto uma pessoa está dominada pelo ressentimento, olha o outro com maus olhos em razão dos preconceitos que o ódio e o rancor lhe impõem. Quando se perdoa, nasce um sentimento novo; o olhar clarifica-se, desaparecem os preconceitos e podem-se ver os outros como realmente são, descobrir e apreciar as suas qualidades que até então estavam ocultas.

Se os ressentimentos são o principal inimigo para as relações com os outros, o perdão permite eliminá-los e recuperar o tesouro da amizade ou do amor que parecia perdido. Como é doloroso perder um amigo pela simples razão de que não se conta com a capacidade de perdoar! E como é frequente que o amor entre duas pessoas decaia porque cada um vai acumulando, contabilizando as ofensas recebidas, em vez de passá-las por alto e

---

(16) São João Crisóstomo, op. cit., 19, 7.

perdoá-las. O perdão mantém vivo o amor, renova-o e evita a perda da amizade, que é um dos dons mais valiosos nesta vida.

Quando perdoamos aos que nos ofendem, colocamo-nos em condições de ser perdoados por Deus. E também o perdão divino é a manifestação mais explícita do seu amor por nós. Portanto, ao perdoar, abrimo-nos ao amor de Deus, que por sua vez é a fonte do nosso próprio amor por Ele. Na medida em que nos sabemos e nos sentimos amados por Deus, somos impelidos a amá-lO, desejamos corresponder-lhe, e é assim que concretizamos a nossa resposta à chamada à santidade que Ele faz a todos os homens.

CONCLUSÕES

De maneira sintética, referimos a seguir as principais soluções para o problema do ressentimento e para o tema do perdão. Quem deseje aprofundar em qualquer uma delas terá de regressar ao lugar correspondente do texto, em que a exposição é mais completa e fundamentada. A finalidade desta síntese conclusiva é facilitar ao leitor uma visão de conjunto dos pontos que têm uma aplicação prática na vida e que podem converter-se num programa de desenvolvimento pessoal, orientado para a eliminação do ressentimento e para o exercício do perdão, tendo em vista alcançar um nível mais alto de felicidade.

— A primeira coisa requisitada para enfrentar e solucionar o problema do ressentimento é entender a sua natureza, que consiste numa reação emocional negativa diante de um estímulo percebido como ofensa e que permanece no interior do sujeito, com efeitos autodestrutivos.

— Se o juízo que fazemos a respeito das ofensas recebidas é objetivo, porque prescinde do exagerado e do imaginário, o modo de dominar o ressentimento simplifica-se. Relativizar as ofensas e controlar a imaginação é fundamental para a objetividade do juízo.

— Quando o juízo sobre os presumíveis agressores, além de ser objetivo, se reveste de compreensão, porque se tomam especialmente em consideração as atenuantes das ações, muitos ressentimentos deixam de existir.

— Uma vontade forte favorece o domínio dos sentimentos próprios e evita que as feridas permaneçam e se convertam em ressentimentos. A firmeza e a constância no que se decidiu manifestam a fortaleza requerida na vontade para orientar os movimentos emocionais.

— O esquecimento próprio, mediante o serviço e a entrega ao próximo, é o melhor antídoto contra o veneno do ressentimento.

— Reduz consideravelmente a possibilidade de ser vítima do ressentimento quem supera a insegurança por meio da autoestima, da humildade e da relação pessoal com Deus.

— A gratidão, que consiste na capacidade de descobrir e reconhecer como presentes os dons recebidos, é a antítese do ressentimento. Uma pessoa que vive agradecida nunca fica ressentida.

— Quando as ofensas são reais e propositadas, a única solução de fundo para que não se convertam em ressentimento consiste em perdoar.

— A chave do perdão está no amor, porque perdoar é um ato de misericórdia. Só quem ama de verdade é capaz de perdoar.

— O perdão é um ato da vontade; portanto, é possível tomar a decisão de perdoar, muito embora o sentimento seja adverso.

Certamente, é preciso tratar de eliminar os sentimentos negativos que tenham ficado depois de se ter perdoado — por exemplo, mudando a ferida em compaixão e transformando a ofensa em intercessão.

— A pauta para acertar no modo de influir no ofensor, depois de o ter perdoado, está em procurar antes de tudo o seu bem.

— Depois de se ter perdoado, é necessário tratar de esquecer a ofensa, proceder como se já a tivéssemos esquecido e empregar os meios para restabelecer a relação que se tinha anteriormente com o ofensor.

— O conhecimento de Jesus Cristo permite-nos aprofundar nos seus ensinamentos sobre o perdão sem limites e tratar de imitar o seu exemplo neste ponto.

— Quem se sabe necessitado de perdão, porque reconhece as ofensas que cometeu, está em condições de perdoar.

— O fundamento mais radical para perdoar sempre o próximo está em que Deus nos perdoou, pois a ofensa a Deus mediante o pecado é infinitamente mais grave que qualquer ofensa que nos possam fazer.

— Existem ofensas que ultrapassam a capacidade humana de perdão. Com o auxílio de Deus, é possível perdoar até o que é humanamente imperdoável.

Direção geral
Renata Ferlin Sugai

Direção de aquisição
Hugo Langone

Produção editorial
Sandro Gomes
Juliana Amato
Gabriela Haeitmann
Ronaldo Vasconcelos
Roberto Martins

Capa
Provazi Design

Diagramação
Sérgio Ramalho

ESTE LIVRO ACABA DE SER
IMPRESSO EM ABRIL DE 2025,
EM PAPEL OFFSET 90 g/m².